JIM DAVIS

Garfield
hebt ab

Sein 16. Buch

Wolfgang Krüger Verlag

Aus dem Amerikanischen von Waltraud Götting

COPYRIGHT © 1990 United Feature Syndicate, Inc. All Rights Reserved
Based on the English language books »GARFIELD rounds out« (© 1988 United Feature Syndicate, Inc.)

Deutsche Ausgabe:
COPYRIGHT © 1990 United Feature Syndicate, Inc. Alle Rechte vorbehalten
Deutsche Erstveröffentlichung im S. Fischer Verlag GmbH, Frankfurt am Main
Umschlag: Jim Davis
Druck und Bindung: Clausen & Bosse, Leck
Printed in Germany
ISBN 3-8105-0775-X

JïM DAViS 5-31

© 1987 United Feature Syndicate, Inc.

JIM DAVIS 8-30

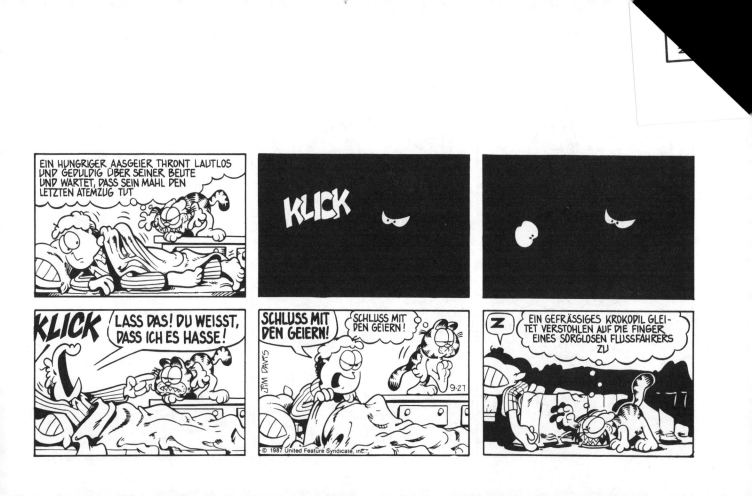

GARFIELDS TRAININGSPLAN

WIEDERHOLT DIESE ÜBUNGSFOLGE TÄGLICH, DANN SEID IHR BALD SO IN FORM WIE GARFIELD!

KEKS-
STRECKEN

MATRATZENDRÜCKEN

RÜCKEN-
STREICHEN

BEIN-
HEBEN

PROGRAMMHÜPFEN

PASTETENTAUCHEN

FLATSCH!

TORTEN-
WERFEN